MASLOW'S HIËRARCHIE VAN BEHOEFTEN

Vitale informatie krijgen over hoe mensen te motiveren

50MINUTES.com

MASLOW'S HIËRARCHIE VAN BEHOEFTEN

Vitale informatie krijgen over hoe mensen te motiveren

geschreven door Pierre Pichère
vertaald door Nikki Claes

IERARHIA NEVOILOR LUI MASLOW

INFORMAȚII CHEIE

- **Numele:** Ierarhia nevoilor lui Maslow, Piramida nevoilor lui Maslow.

- **Utilizări:** psihologie și științe sociale (pentru clasificarea și prioritizarea nevoilor individuale), marketing și management.

- **De ce are succes?** Este o reprezentare vizuală dinamică a nevoilor, incluzând atât aspectele fiziologice, cât și cele spirituale.

- **Cuvinte cheie:** psihologie, nevoi, Maslow, piramidă.

INTRODUCERE

Știința economică este alocarea resurselor limitate în funcție de nevoile, motivațiile și așteptările infinite ale indivizilor. Dar cum se definesc nevoile? Este ceea ce încearcă să facă această piramidă, elaborată de psihologul american Abraham Harold Maslow (1908-1970).

Istorie

Începând cu anii 1940, Maslow, împreună cu Carl Rogers (psiholog, 1902-1987), a introdus o nouă abordare a psihologiei umaniste. În lucrările sale, Maslow a studiat structura nevoilor umane. Mai târziu, cititorii și susținătorii săi i-au formalizat tezele sub forma unei piramide.

Există cinci niveluri de nevoi:

- nevoi fiziologice

- nevoi de siguranţă

- nevoia de recunoaştere

- nevoia de stimă

- nevoia de autoactualizare.

Fiecare dintre aceste categorii corespunde activităţilor umane. Acest model a fost utilizat pe scară largă în economie şi în lumea corporatistă, în special în marketing şi management. La finalul acestui studiu vom vedea cum sectorul economic utilizează modelul cu un exemplu din industria alimentară.

Definirea modelului

Piramida nevoilor, numită şi piramida lui Maslow, oferă un model de definire a nevoilor fiinţelor umane, de la cele mai elementare funcţii (mâncarea, somnul etc.) la cele mai satisfăcătoare (autodepăşirea, practicarea artei sau a sportului etc.). Maslow a fost psiholog, dar modelul său, rezumat printr-o piramidă, a fost utilizat în economie şi în lumea afacerilor. Acesta oferă o modalitate simplă şi eficientă de identificare a diferitelor nevoi, atâta timp cât acestea sunt considerate ca un întreg şi nu ca etape succesive.

TEORIE

Microeconomia se referă, în mod firesc, la condițiile care conduc la schimburile de piață. Piramida lui Maslow este poziționată înaintea acestor concluzii, chiar la originea cererii: nevoile.

CELE CINCI NIVELURI DE NEVOI

Nivel cu nivel, Maslow reunește diferite nevoi umane. El nu menționează în mod direct o formă piramidală, ci o ierarhie a importanței: de îndată ce o familie este satisfăcută, alte nevoi apar imediat. Deoarece ierarhia nevoilor lui Maslow acoperă mai multe domenii, inclusiv dezvoltarea personală, este util să utilizăm termenii folosiți de autorul însuși pentru a înțelege esența conceptului.

- Primul nivel este cel al **nevoilor fiziologice**. Mâncatul, băutura, somnul, respirația etc. sunt toate funcții legate de supraviețuirea individuală. Fiind vorba de nevoi de bază, vitale, acestea sunt evident cele mai importante: ele depășesc cu siguranță nevoile de securitate, de stimă etc.

- Apoi, **nevoile de siguranță**. S-ar putea să vă gândiți imediat la integritatea fizică, dar această categorie nu se limitează la aceasta – protecția împotriva furtului și a deteriorării intră, de asemenea, în această categorie. Maslow afirmă că nevoile de siguranță îi determină pe oameni să prefere ceea ce este familiar, mai degrabă decât necunoscutul.

- Atunci când aceste două tipuri de nevoi sunt satisfăcute, apar cele legate de dragoste, afecțiune sau relații sociale (**nevoia de apartenență**). Această a treia categorie ia în considerare natura socială a ființei umane.

- Acest lucru duce la cel de-al patrulea nivel al piramidei, care este **nevoia de stimă sau de recunoaștere**. Această categorie se referă la nevoile legate de statut, ocuparea unui loc de muncă, putere și bani care ne definesc în societate.

- În cele din urmă, în vârful piramidei se află **nevoia de realizare personală**. În timp ce nevoile de la nivelurile inferioare depind de percepțiile celorlalți, nevoile din vârful piramidei sunt legate de dezvoltarea personalității individului. Potrivit lui Maslow, aceste nevoi pot lua orice formă, atâta timp cât corespund dorințelor individuale ale persoanei. Cu alte cuvinte, dacă vreau să fiu medic, de exemplu, apare automat o nevoie legată de a deveni medic, cum ar fi nevoia de a cunoaște modul în care funcționează corpul uman.

În teoria lui Maslow, ar trebui să satisfaceți nevoile fiecărui nivel înainte de a trece la următorul. S-ar teme cineva pentru siguranța bunurilor sale dacă nu ar avea ce să mănânce? I-ar păsa cuiva de legăturile sale sociale dacă ar fi atacat de un grup de jefuitori? La ce bun recunoașterea din partea celorlalți fără a fi integrat într-un grup social? Și cât de împlinit se poate simți cineva fără o bună stimă de sine? Prin urmare, acesta este un model dinamic, nu o prezentare strict ierarhică.

Maslow pune dezvoltarea individuală în perspectivă, pornind de la premisa că indivizii caută întotdeauna o bună calitate a vieții. În realitate, nevoile nu sunt aceleași pentru toată lumea și, de asemenea, ele variază în timp. Mai mult, alte tipuri de nevoi pot apărea cu importanță variabilă în funcție de oameni și de circumstanțe și pot coexista alături de cele reprezentate în piramidă.

NEVOI: DE LA ECONOMIE LA MARKETING

În comparație cu numeroasele nevoi legate de relațiile sociale și de oameni, nevoia de bunuri disponibile pare a fi foarte limitată. Cu toate acestea, raționamentul economic este interesat mai mult de utilitate - adică de funcția pe care o are o unitate suplimentară de produs pentru consumator - decât de nevoie, fără a acorda prioritate bunurilor în sine.

Analiza nevoilor este mai mult legată de marketing și management. Nevoile sunt studiate mai ales la nivelul companiei și al poziționării acesteia pe piață. Psihologii sunt de acord cu faptul că nevoile existențiale și de bază sunt relativ limitate, dar există întotdeauna o nevoie - văzută ca o lipsă sau o dorință - de produs de către consumator.

Specialiștii în marketing sunt conștienți de acest lucru și se referă în mod constant la faimoasa piramidă a lui

Maslow. Plasarea unui produs sau serviciu în piramidă ne determină să luăm în considerare şi să dezvoltăm strategii de lansare care sunt uneori foarte variate. De exemplu, nu am comercializa un produs de bază ca pe o piesă de înaltă tehnologie. Este, de asemenea, posibil ca un produs sau un serviciu să satisfacă diferite niveluri de nevoi; este atunci necesar să se adapteze mesajul în funcţie de consumatorii ţintă.

LIMITĂRI ȘI EXTINDERI

LIMITĂRI ȘI CRITICI

La fel ca toate teoriile clasice din științele sociale, piramida nevoilor a făcut obiectul unor interpretări critice. Sunt evidențiate mai multe puncte slabe ale modelului, deși unele sunt contradictorii:

- **Lipsa de nuanță în ierarhia nevoilor.** Unele funcții naturale sunt mai importante decât altele. Poți să stai fără să mănânci timp de mai multe zile, dar nu poți să te oprești din respirat decât pentru câteva minute.

- **Ierarhia îndoielnică.** Nu ia în considerare faptul că oamenii sunt ființe sociale. Poate nevoia de a mânca să fie cu adevărat pusă mai presus de menținerea relațiilor umane sau de autoperfecționare? Fără hrană, o persoană nu poate supraviețui. Fără o inter-acțiune suficientă cu ceilalți, starea mentală a unei persoane se va deteriora, conducând-o la nebunie sau chiar la sinucidere.

- **Etnocentrismul modelului.** Toate studiile au fost realizate pe populații occidentale, rezultând o abor-dare care se aplică doar civilizațiilor bogate și dezvoltate.

Cu excepția acestui ultim punct, criticile legate de lipsa sau excesul de ierarhie se referă de fapt mai mult la utilizările dezvoltate pentru teoria lui Maslow decât la teoria în sine. De fapt, forma piramidală nu apare în opera lui Maslow și ascunde mișcarea dinamică pe care acesta o prevedea între diferitele nevoi.

Utilizarea marginală în serviciile publice

Utilizarea piramidei lui Maslow în economie rămâne destul de limitată. Este imposibil să se analizeze definirea prețurilor în funcție de nivelul de nevoie. Aplicația se referă mai degrabă la utilitatea marginală a unui bun (așa cum au demonstrat economiștii Léon Walras (1834-1910), William Stanley Jevons (1835-1882) și Carl Menger (1840-1921) în secolul al XIX-lea), care reprezintă satisfacția oferită de o unitate suplimentară, decât la nivelul acesteia în piramida lui Maslow.

Amintiți-vă că piramida lui Maslow nu este o clasificare a tuturor nevoilor și dorințelor agenților economici, ci un model în cinci trepte al împlinirii umane. Examinată astfel, această piramidă poate servi drept suport pentru intervențiile agenților publici în economie: reglementarea producției de alimente și protejarea calității aerului (nevoi fiziologice), aplicarea legii și a ordinii (nevoi de siguranță), asigurarea socializării copiilor, în special la școală (dragoste și apartenență), etc. Este mai dificil să se ia în considerare un răspuns la cele două niveluri superioare ale piramidei. Radioteleviziunea publică, învățământul superior și investițiile în cultură pot fi poate înțelese ca răspunsuri colective la nevoile de auto-realizare și de recunoaștere din partea celorlalți.

MODELE ȘI EXTENSII CONEXE

Teoria nevoilor lui Henderson

Au fost propuse și alte modele, printre care cel conceput de Virginia Henderson (asistentă medicală americană, 1897-1996), care identifică 14 nevoi prezentate într-o grilă. Acest model este utilizat pe scară largă în lumea medicală. Cu toate acestea, contribuția suplimentară a acestui model nu este clară. Toate categoriile identificate se încadrează în cele cinci categorii majore ale piramidei lui Maslow. De asemenea, dacă limitele acestui model sunt imediat evidente, este dificil de justificat această nouă clasificare.

Teoria ERG

În 1969, psihologul american Clayton Alderfer (născut în 1940) a prezentat teoria ERG (Existence, Relatedness and Growth), care este de fapt o versiune mai concisă a piramidei lui Maslow. În loc de cinci niveluri, teoria ERG identifică trei: nevoile de existență (hrană, îmbrăcăminte, securitate etc.), nevoile de relaționare (a fi legat de alți indivizi) și nevoile de creștere (dezvoltare, creativitate, sentimentul vieții, stimă de sine etc.). Alderfer nu și-a propus să remodeleze categoriile lui Maslow. Pentru el, un individ trebuie să satisfacă aceste nevoi simultan, nu una după alta, urcând pe nivelele piramidei. Dacă nevoile de creștere nu sunt satisfăcute, acest lucru va afecta comportamentul social și funcțiile de bază, cum ar fi somnul și alimentația. Potrivit psihologului, dinamica nevoilor este mai cuprinzătoare decât în modelul lui Maslow. Modelul său a avut succes mai ales în domeniul managementului și al psihologiei muncii.

APLICAȚIE PRACTICĂ

După cum am văzut, piramida lui Maslow are cea mai concretă aplicație economică în marketing. Nu este surprinzător faptul că tot mai multe modele din psihologie sunt folosite în scopuri de marketing, deoarece conceptul de marketing se bazează pe înțelegerea și anticiparea comportamentului consumatorilor.

PRODUSE ȘI NEVOI

În loc să ne limităm la clasificarea fiecărui produs sau serviciu într-un nivel al piramidei, este mai bine să ne uităm la operațiunea care poate satisface cele mai multe nevoi.

Un produs, o nevoie

Cea mai elementară aplicație constă în identificarea nivelului piramidei la care se află produsul sau serviciul pe care doriți să îl comercializați: alimentele și produsele de igienă de bază se află la nivelul inferior, iar produsele culturale la cel superior. Această clasificare pare extrem de rudimentară, dar are sens. Organizarea rafturilor din supermarketuri demonstrează acest lucru, deoarece produsele sunt clasificate în funcție de tipul și utilizarea lor.

Cele mai simple produse de bază fac adesea parte din acest proces. Acest lucru este valabil mai ales pentru alimentele de bază. Pachetele de paste făinoase sau de cartofi acoperă doar primul nivel al piramidei: acestea sunt concepute pentru a hrăni. Dar această strategie este rareori suficientă de una singură. Amintiți-vă că piramida lui Maslow este dinamică, iar o bună lansare a unui produs sau serviciu trebuie să satisfacă un număr maxim de nevoi.

Marketing cu piramida

Elaborarea unei oferte pentru consumatori are legătură cu orientarea către toate nivelurile piramidei.

Pentru a înțelege pe deplin această teorie, trebuie să definiți nevoile în contextul lor contemporan. În societate au apărut noi funcții – care nu existau pe vremea lui Maslow (secolul XX). De exemplu, dacă cineva își schimba casa în anii 1950, nu mergea atât de repede sau de departe cum putem merge noi astăzi: familiile erau mai apropiate, iar locuința lor era de obicei lângă locul de muncă. În afară de scopurile de petrecere a timpului liber, nevoia de a călători poate fi considerată o nevoie fiziologică, deoarece permite cuiva să își câștige existența mergând la serviciu sau să își mențină relațiile emoționale vizitându-și prietenii și rudele.

Mașina este un exemplu excelent de strategie care evoluează în cadrul piramidei. Modelele mai puțin costisitoare se limitează la caracteristici de bază, în timp ce modelele mai scumpe combină prestigiul și confortul. În toate cazurile, acest tip de produs implică mai multe niveluri ale piramidei: nevoia fiziologică de a se deplasa, nevoia de a evita vehiculele cunoscute pentru lipsa de fiabilitate, apartenența la comunitatea de șoferi ale căror mașini sunt de o anumită marcă cunoscută și (pentru modelele cele mai avansate) satisfacția de a deține un bun scump și de lux.

Prin urmare, marketingul încearcă să stabilească o strategie pentru a satisface nivelurile superioare ale piramidei cu produse care par să satisfacă în principal primul nivel de nevoi. De asemenea, asigură o funcție opusă, deși acest lucru este mai dificil. Atunci când un produs sau un serviciu este destinat dezvoltării stimei de sine sau a personalității, o marcă poate să se con-centreze și să sublinieze aspectele fiziologice și de siguranță ale achiziției, pentru a atrage un număr cât mai mare de consumatori care să cumpere produsul. Gândiți-vă la produsele cosmetice, unde brandingul trece de la frumusețea radiantă (al patrulea și al cinci-lea nivel) la îngrijirea de sine, întreținerea pielii și a cor-pului, care se referă la nevoile fiziologice și de siguranță.

Marketingul și nevoia de iubire și apartenență

Cum rămâne cu al treilea nivel al piramidei? Pare ridicol să ne imaginăm produse care ar putea satisface nevoia de dragoste. Maslow pune în această categorie legătu-rile de prietenie sau de dragoste, care sunt greu de satisfăcut pe piață (deși succesul site-urilor de întâlniri arată că există un loc pentru intermediari în această privință), precum și apartenența la grupuri sociale.

De mult timp, marketingul a jucat pe prestigiul unui produs pentru a încuraja consumatorul să îl cumpere. Încă de la sfârșitul secolului al XIX-lea, sociologul și economistul Thorstein Veblen (1857-1929) a identificat o prejudecată în modelul lui homo economicus.

 ## INFORMAȚII SUPLIMENTARE: HOMO ECONOMICUS

Conceptul de om economic, homo economicus în latină, reflectă comportamentul teoretic al oamenilor. Pe baza acestei reprezentări abstracte, teoreticienii din diferite domenii se gândesc la interacțiunile potențiale dintre omul ilustrat aici și conceptele pe care le dezvoltă.

Desigur, maximizăm utilitatea a ceea ce cumpărăm, dar imitația și chiar snobismul nu sunt absente din deciziile noastre. Această analiză este o extensie a conceptului dezvoltat de sociologul francez Pierre Bourdieu (1930-2002): practicile noastre sociale și, prin urmare, achizițiile noastre, răspund adesea dorinței de a ne distinge de semenii noștri prin imitarea practicilor claselor sociale superioare. Prin achiziționarea unui produs (mașină, parfum etc.), consumatorul își poate satisface și nevoia de recunoaștere socială.

Deși aceasta nu este o tendință nouă, ea are o forță deosebită atunci când se dezvoltă identități multiple și legături comunitare, care sunt susținute, dacă nu inițiate, de tehnologia informației și a comunicațiilor, în special de rețelele sociale. Unele mărci mizează perfect pe sentimentul de apartenenţă legat de simpla posesie a produsului. Gândiţi-vă la modul în care Apple a creat o comunitate de utilizatori încă din anii 1980: pornind de la microcosmosul graficienilor şi al profesioniştilor din domeniul imaginii, această comunitate, din care mulţi utilizatori se consideră membri, a crescut exponenţial datorită pieţei de masă şi a comercializării produselor sale emblematice (iPhone, iPad etc.). Facebook, Twitter şi toate reţelele de socializare folosesc, de asemenea, această strategie şi se bazează pe sentimentul de apartenenţă, care, în acest caz, se află în centrul modelului lor de afaceri, cu avantajul finanţării gratuite legate de publicitate.

STUDIU DE CAZ – INDUSTRIA ALIMENTARĂ

În cele din urmă, să analizăm mai în detaliu un sector economic: industria alimentară. Acest sector a fost deosebit de bine conceput pentru a satisface toate nivelurile piramidei şi pentru a continua să dezvolte produse tot mai inovatoare.

Alimente pentru a hrăni

Desigur, industria alimentară răspunde unei nevoi fiziologice: nevoia de a mânca. Nu este necesar să ne oprim asupra acestui aspect, cu excepţia faptului că trebuie să subliniem că valoarea unui sector industrial rămâne limitată dacă acesta răspunde doar unei singure nevoi stricte. Pentru a se dezvolta, lanţul valoric a încorporat, de asemenea, multe alte scopuri diferite, altele decât satisfacerea foametei.

Alimente pentru protecție

Industria alimentară se bazează, de asemenea, pe siguranță. Datorită reglementărilor care guvernează fabricarea produselor, industria este obligată să ofere mai multe produse alimentare certificate decât vechii producători artizanali (cu toate acestea, trebuie precizat că acest argument era valabil la momentul dezvoltării, dar acum produsele artizanale sunt supuse și ele unor standarde stricte de igienă). La un moment dat, conservele de casă expuneau multe familii la riscul de botulism (un tip de intoxicație alimentară cu consecințe grave), ceea ce nu reprezenta un pericol în cazul conservelor industriale.

Astăzi, un al doilea nivel de securitate a fost adăugat, deoarece producătorii au investit în nișa "alimentelor funcționale", cunoscute și sub numele de nutraceutice. Margarina care scade colesterolul, laptele îmbogățit (care favorizează creșterea copiilor), cerealele care ajută la digestie sau apa minerală care întărește sistemul imunitar, toate au prosperat în supermarketuri. Afirmațiile lor privind sănătatea sunt, de asemenea, din ce în ce mai strict monitorizate.

Alimente pentru socializare

Mâncarea, mai ales în lumea occidentală, este adânc înrădăcinată în cultura noastră. O masă este o sursă de convivialitate și un moment de împărtășire. Furnizorii industriali au profitat în mod natural de oportunitatea de a oferi produse care să răspundă acestei nevoi de apartenență și de legături sociale. Iată trei exemple care se încadrează în această categorie:

- mâncăruri gata preparate "tradiționale", care pretind că reînvie tradițiile și că aduc consumatorul mai aproape de identitatea culinară a țării sale;

- produse festive și inovatoare ca gustări sau deserturi care creează un anumit grad de convivialitate;

- mărci mari cu produse diferite pentru diferite piețe țintă, în special cele cu produse bazate pe copilărie, care traversează generațiile și se concentrează pe faptul că gustul alimentelor este o identitate comună pentru toți cei care le consumă, creând o continuitate între părinți și copii (Nutella, Haribo, Kinder, Banania etc.).

Dezvoltarea departamentelor halal, kosher și asiatice din supermarketuri se potrivește, de asemenea, cu latura identitară a alimentației, ajutând populațiile de imigranți să mențină o legătură cu cultura lor natală prin intermediul alimentelor pe care le cumpără.

Alimente pentru a exprima valori

Mai recent, industria alimentară a abordat problema valorilor, de data aceasta nu neapărat în sens economic. După apariția simultană a marilor lanțuri de magazine și a industrializării produselor alimentare, au existat o mulțime de întrebări la care trebuia să se răspundă. Îngrijorarea cu privire la OMG-uri, criza bolii vacii nebune din anii 1990, urmată de disputa privind hormonii din carnea de vită, campaniile succesive privind obezitatea și excesul de zahăr din alimentele noastre i-au determinat pe consumatori să dorească explicații suplimentare. Conștientizarea problemelor de mediu și căutarea unor diferențieri distinctive într-o lume globalizată au întărit această așteptare.

Această nevoie de apartenență și de valoare este cea care a dus la apariția etichetelor, a denumirilor și a altor orientări care s-au răspândit în sectorul alimentar. "Agricultură ecologică", "comerț echitabil" și "produse regionale" au devenit etichete pe care le vedem în mod constant pe rafturi. Acestea oferă informații despre calitatea sau originea alimentelor, precum și despre condițiile de producție. Domeniile sunt foarte largi: remunerarea lucrătorilor locali, neutilizarea pesticidelor, respectarea tradițiilor culinare străvechi etc. Fiecare este liber să își aleagă produsele preferate, atâta timp cât eticheta corespunde valorilor sale.

Alimente pentru dezvoltarea personală

În cele din urmă, alimentația – și, prin urmare, industria alimentară – reflectă, de asemenea, nivelul superior al piramidei, și anume realizarea de sine și împlinirea personală.

Produsele de înaltă calitate, cum ar fi vinurile de colecție, cafeaua artizanală, ciocolata fină sau ceaiurile rare, îi încântă pe consumatori dincolo de simpla nevoie de a-și satisface foamea sau setea. Gastronomia, dacă nu este o artă, este cu siguranță un meșteșug de excelență care satisface nevoia de împlinire a consumatorului.

Acest lucru este cu siguranţă întruchipat de marii bucătari sau brutari, dar are şi o ieşire în industria alimentară.

Oferind consumatorilor posibilitatea simplă de a realiza ei înşişi o parte din reţetă poate satisface, de asemenea, nevoia de realizare. Acesta este motivul pentru care industria oferă kituri pentru prepararea clătitelor sau a prăjiturilor şi oferă, de asemenea, numeroase produse pregatite pentru a ajuta la gătitul "mâncărurilor de casă", permiţând consumatorilor să contribuie la realizarea acestora şi oferindu-le astfel posibilitatea de a-şi exprima creativitatea.

REZUMAT

- Piramida nevoilor oferă un model cu cinci niveluri care clasifică nevoile umane.

- Acest model dinamic detaliază cei cinci pași secvenţiali necesari pentru dezvoltarea umană: nevoile fiziologice, sentimentul de securitate, recunoaşterea, stima de sine şi realizarea.

- Teoretizată de psihologul american Abraham Maslow, a fost rareori utilizată în economie, deoarece nu spune nimic despre dezvoltarea concretă a cererii, adică transformarea dorinţei unui client într-o achiziţie.

- Deşi simplitatea sa a fost criticată, aceasta reprezintă încă un punct forte al modelului. Piramida este utilizată pe scară largă în marketing, deoarece poziţionarea unui produs sau serviciu în piramidă, încercând în acelaşi timp, dacă este posibil, să satisfacă nevoile pe mai multe niveluri, duce la dezvoltarea unei strategii relevante.

LECTURI SUPLIMENTARE

BIBLIOGRAFIE

Bouchiki, H., Cerdin, J-L., Dornier, P-P., Esnault, B., Le Nagard-Assayag, E. şi Mottis, N. (2001) *Invitation au management*. Paris: Presses universitaires de France.

Fenouillet, F. (fără dată) Modelul ierarhic al nevoilor. *La motivation, un concept puzzle*. [Online]. [Accesat la 5 mai 2014]. Disponibil la: <http://www.lesmotivations.net/spip.php?article40>

Jacquemin, A., Tulkens, H. şi Mercier, P. (2000) *Fondements d'économie politique*. [3rd edition]. Bruxelles: Universitatea Boeck.

Lambin, J.-J. şi Moerloose, C. (2012) *Marketing strategic şi operaţional*. [8th edition]. Paris: DUNOD.

Maslow, A. (2003) *Devenir le meilleur de soi-même : besoins fondamentaux, motivation et personnalité*. Paris: Eyrolles.

Mias, L. (fără dată) Maslow, Henderson, soins. *Papidoc*. [Online]. [Accesat la 5 mai 2014]. Disponibil la: <http://papidoc.chic-cm.fr/573MaslowBesoins.html>

Vrem să auzim de la tine!
Lasă un comentariu despre biblioteca ta online
şi împărtăşeşte cărţile tale preferate pe reţelele de socializare!

IMPROVE YOUR GENERAL KNOWLEDGE

IN THE BLINK OF AN EYE!

www.50minutes.com

Master ISBN: 9782808600767
Hârtie ISBN: 9782808602211
Depozit legal: D/2022/12603/222

Design digital: Primento,
partenerul digital al editurilor.